AF370536

Félix Lope de Vega y Carpio

La limpieza no manchada

Barcelona **2024**
Linkgua-ediciones.com

Créditos

Título original: La limpieza no manchada.

© 2024, Red ediciones S.L.

e-mail: info@red-ediciones.com

Diseño de cubierta: Michel Mallard.

ISBN tapa dura: 978-84-1126-691-8.
ISBN rústica: 978-84-9816-193-9.
ISBN ebook: 978-84-9897-724-0.

Sumario

Brevísima presentación

La vida

Félix Lope de Vega y Carpio (Madrid, 1562-Madrid, 1635). España.

Nació en una familia modesta, estudió con los jesuitas y no terminó la universidad en Alcalá de Henares, parece que por asuntos amorosos. Tras su ruptura con Elena Osorio (Filis en sus poemas), su gran amor de juventud, Lope escribió libelos contra la familia de ésta. Por ello fue procesado y desterrado en 1588, año en que se casó con Isabel de Urbina (Belisa).

Pasó los dos primeros años en Valencia, y luego en Alba de Tormes, al servicio del duque de Alba. En 1594, tras fallecer su esposa y su hija, fue perdonado y volvió a Madrid.

Entonces era uno de los autores más populares y aclamados de la Corte. La desgracia marcó sus últimos años: Marta de Nevares una de sus últimas amantes quedó ciega en 1625, perdió la razón y murió en 1632. También murió su hijo Lope Félix. La soledad, el sufrimiento, la enfermedad, o los problemas económicos no le impidieron escribir.

**Dedicada a la ilustrísima señora doña Francisca
de Guzmán, marquesa de Toral**

Mandáronme las Escuelas de Salamanca escribir esta comedia, con título de La Limpieza no manchada, para el juramento que hicieron de defenderla: que fue la acción más heroica y de mayor majestad y grandeza que desde su fundación se ha visto, cuanto va de graduar la preservación de la Emperatriz del cielo la piadosa opinión de los mayores ingenios del mundo, a los demás actos, laureles de los méritos de los hombres.

Representóse en ellos con tanto aplauso de sus doctores y maestras, que pudiera desvanecer la humildad que no fuera mía. Pero confieso a V. S. ingenuamente que no tendré la honra que la hicieron por tan lucida como calificada de su raro, peregrino y milagroso entendimiento; verdad que favorecerán cuantos hubieren merecido comunicar las riquezas de su claro, juicio, de quien es su amable cortesía y real condición llave dorada. Bastantes causas para moverme a dedicarla a su nombre, cuyo apellido tanta veces ha sido sujeto de mis versos, que pueda decir que le debo el alma que han tenido, si en la opinión de los que saben ha sido alguna. A este reconocimiento mío con tan suma afecto, espero que se ajustará la censura y aprobación de aquella insigne Universidad, a quien se debía; pues habiéndose de consagrar esta memoria a las Musas, previne su elección con ofrecerla a V. S., a quien guarde Dios muchos años, como deseo.

Capellán de V. S.
Lope Félix de Vega Carpio.

Personajes

La Quietud
La Duda
La Contemplación
Santa Brígida
El Cuidado
Job
El rey David
El Pecado Original
La Soberbia
El Género Humano
El Rigor
Jeremías
Un Pastor
Belardo, otro pastor
Zacarías, viejo
San Juan Bautista
La India
Etiopía
La Piedad
La Fama
Alemania
Francia
España
La Universidad de Salamanca
Cuatro estudiantes gorrones
Músicos
Bailarines

Jornada primera

(Salen la Quietud y la Duda.)

Quietud   Salid de casa, acabemos,
y dejaos de replicar.

Duda   Ya que me queréis echar,
no me echéis haciendo extremos.
   ¿Qué os hice yo, que me echáis
de vuestra casa?

Quietud   ¿Y es poco
traerme a preguntas loco?

Duda   ¡Si vos la ocasión me dais!

Quietud   ¿Yo la ocasión?

Duda   Vos, Quietud.

Quietud   Duda, acortemos razones;
que esto de andar en cuestiones
no lo sufre mi salud.
   Yo no te quiero en mi casa;
el mundo es largo.

Duda   Ya en hombre
me he transformado; que el nombre,
seguro por todos pasa.
   Que mal pienso que pudiera
vivir mujer y desnuda
de defensa, aunque soy duda,
donde de mí no la hubiera.

Quietud

    Pues si en hombre transformada,
segura vas para todo,
déjame aquí.

Duda

        ¿De ese modo
me enviáis sin darme nada?
    Los sabios que despreciaron
el mundo, cuanto tuvieron,
como caso dél no hicieron,
ninguna cosa llevaron.
    Tal, en el mar, de su mano,
echó su hacienda a los peces;
tal, despreció algunas veces
el oro de algún, tirano.

Quietud

    Tan desnudo como vienes,
algún sabio caminaba,
y en llevarse a sí llevaba
consigo todos sus bienes,
    Diógenes se reía
de Alejandro, y estimaba
más el desdén que mostraba,
que el favor que le hacía.

Duda

    La Duda soy, transformada
en un hombre ya.

Quietud

            Y no yerras.

Duda

Andaré por esas tierras.
como mujer desdichada.

Quietud

    Ten cuenta de no volver

más a mi casa.

(Vase.)

Duda   No soy
                    pertinaz: a todos doy
                    el lugar que han de tener:
                        No dudo cosa ninguna
                    en la fe ni en la razón,
                    pero en cosas de opinión,
                    soy duda, que tengo alguna.
                        Estas obras producidas
                    de la gran naturaleza,
                    tienen suprema belleza,
                    o juntas, o divididas.
                        ¿Qué es ver de los celestiales
                    el circular movimiento,
                    y entre aquél y este elemento,
                    enemistades mortales?
                        Fuego puro y rayo leve
                    la superficie semeja,
                    que con la Luna empareja;
                    que esto mismo se le debe
                        al aire en sus tres regiones,
                    y tras él al agua luego,
                    que es defensora del fuego.

(Sale la Contemplación.)

Contemplación   ¿Quién eres tú, que te pones
                        en esa transformación
                    de ti mismo?

Duda   Soy la Duda;

y vos, ¿quién sois?

Contemplación   Quien te muda,
que soy la Contemplación.

Duda   A la fe, que sois venida
a buen tiempo. ¿Cómo fue
esto del agua?

Contemplación   ¿Que esté
de la tierra dividida?
    Por los hombres la mandó
Dios al agua congregarse;
que era imposible juntarse
como luego se juntó.
    Y así preguntaba Dios
allá en la Sabiduría,
quién a las aguas vestía.

Duda   Él me ha juntado con vos:
    soy un pobre labrador:
ya me véis; de mí algún día
nació la Filosofía,
y por mí se hizo mayor.
    Iba a la corte a servir,
y no con poco temor;
que vivir con un señor
no es vivir, sino morir.
    Están muy necesitados,
tienen mil obligaciones,
y han de andar en opiniones
si han de pagar sus criados.
    No sé dónde me leí,
que entrando en Jerusalén

Cristo, nuestro amado bien,
dijo a un Apóstol ansí:
    «Dile a aquel hombre, que tiene
el Señor necesidad;
que siendo Su Majestad
tan rico, a tenerla viene.»
    ¿Por qué se llamó Señor?

Contemplación   El que es señor en la tierra,
padece continua guerra
entre el caudal y el temor:
    ¿Quieres tú servirme a mí,
que ando siempre por el cielo?
Pues cuando me humillo al suelo,
es para buscarle allí.

Duda   Haréisme notable bien.

Contemplación   Ya eres mío.

Duda   Vuestro soy,
porque si con vos estoy,
en el cielo estoy también.

Contemplación   Allá no hay duda ni fe.

Duda   Digo, pues, Contemplación,
¿dónde vivís?

Contemplación   Estas son
mis casas.

Duda   Aquí, ¿por qué?

Contemplación   Este monasterio santo
                        tiene una divina Esposa
                        de Cristo, sabia y hermosa,
                        a quien por puntos levanto
                           en alta contemplación
                        para que Dios la revele
                        misterios que dudar suele,
                        porque están en opinión.
                           Vesla aquí.

(Salen santa Brígida y el Cuidado.)

Brígida   Mira, Cuidado,
                        que me dejes descansar.

Cuidado   Si vos no me dais lugar,
                        ¿cómo he de estar descuidado?

Brígida   Estas dudas me fatigan,
                        saber cómo comprende
                        aquel pecado de Adán
                        a todos sus descendientes.
                        ¿Cómo el niño que no tuvo
                        conocimiento, ni tiene
                        memoria que vido el árbol
                        de la vida y de la muerte,
                        ni escuchó en el Paraíso
                        por entre sus ramas verdes
                        a la primera mujer,
                        la que habló con la serpiente,
                        fue concebido con mancha,
                        y que sus padres le engendren
                        en pecado?

Cuidado   Si vos, Brígida,
                andáis siempre desa suerte,
                ¿por qué os quejáis del Cuidado
                y no queréis que os apriete?
                Mirad, los medios humanos,
                de poca salud parecen;
                acudir a los divinos
                fue santo consejo siempre:
                avisar quiero al Silencio
                para que él mismo os revele
                dónde preguntéis a Dios
                las dudas que se os ofrecen.

Brígida   Pues parte, Cuidado mío.

(Vase el Cuidado.)

Contemplación   Agora puedes llegar,
                que en ella, Duda, has de hallar
                dueño y maestro, confío.

Brígida   ¿Quién es?

Contemplación   Tu Contemplación.

Brígida   ¿Quién en pena tan aguda
                viene contigo?

Duda   La Duda,
                que en ti logra su afición.
                  Hame echado la Quietud
                de su casa: no te asombre;
                que vengo a perder el nombre
                en el mar de tu virtud.

O para decir mejor,
en el mar de aquella ciencia
divina, cuya excelencia
tiembla el Serafín mayor.

Brígida   A la alteza de riquezas
de aquella Sabiduría,
a quien Pablo encarecía,
bien tu ignorancia enderezas.
 Mas de Dios es más seguro
el creer que el entender.

Duda   Eso que quieres saber
es lo que saber procuro.
 Demás, Brígida, que a mí
cuantos viven me han tenido;
dejo lo que es, sé que ha sido
lo que nunca merecí.
 Hasta que se satisfagan
al fin del todo entenderme,
no se excusan de tenerme
por diligencias que hagan.
 Duda y teme el pretendiente
si con el pleito saldrá;
el labrador, si tendrá
agua en mayo suficiente.
 Los letrados, que no son
de tan bárbaro consuelo
que traigan de cada pelo
colgada una provisión,
 dudan la plaza, victoria
el soldado, aunque valiente,
la cátedra el pretendiente,
y más si tiene memoria.

El soberbio, de caer;
el caído, si ha de alzarse;
el malo, si ha de salvarse,
y el bueno, si lo ha de ser.
    Duda el puerto el que navega,
el fin el que va a reñir,
si el enfermo ha de vivir,
si ha de ganar el que juega.
    No dudar es, en efeto,
acción de necio engañado,
porque ningún confiado
se puede llamar discreto.

Brígida

    La que yo tengo, es saber
cómo fue a todos igual
el pecado original:
dispuesta siempre a creer
    lo que la Iglesia tuviere,
o enseñaren sus doctores.

Contemplación

Bien dices, y los mejores
modos con que esto se adquiere
    son tu piedad y oración;
y tu piadoso deseo
levanta el alma, que creo
que voces del cielo son.

(Sale Job viejo, muy lleno de llagas, como le pintan, y canten dentro:)

    No se hallará, Esposa mía,
quien sin pecado se vea,
aunque un tierno infante sea
cuya vida es solo un día.

Job   Perezca la memoria
de aquel amargo y lastimoso día,
principio de mi historia
y de la vida miserable mía;
pierda la noche el nombre
en que se dijo: «Concibióse el hombre.
 Pues fue tal su destino,
cubra aquel día un tenebroso velo,
y aquel Señor divino
no pregunte por él desde su cielo,
ni el claro Sol le ilustre;
la sombra de la noche le deslustre.
 oscuridad le ocupe
y en fuego le convierta».

Brígida   Voy creyendo
las dudas que no supe.

Contemplación Aqueste es Job, que viene maldiciendo
el día en que ha nacido
y noche amarga en que engendrado ha sido.

Brígida   Pues ¿qué piensas agora?

Contemplación Que del pecado original se queja.

Job   No goce clara aurora
la oscura noche que sin luz me deja;
Luna ni estrellas vea,
oscuro torbellino la posea.
 Ni en los días del año,
ni en los meses se muestre en importuna
soledad de mi daño,
ni sea digna de alabanza alguna.

¡Oh, noche infeliz mía!
Tu horror maldiga quien bendijo el día.
   Aquellos que viciosos
a Leviatán ofrecen, y aborrecen
los rayos luminosos,
y las oscuras sombras apetecen;
caliginoso velo
cubra les luces de que se honra el cielo;
   espere vencedora
la luz de su tiniebla, y no la vea
levantar el aurora
que los amenos campos hermosea,
pues no encerró y detuvo
aquel vientre infeliz en quien anduvo;
   pues por ella padezco
persecución, trabajos y miserias;
por ella, en fin, merezco
verme en tales desdichas y lacerías.

Brígida	¡Extrañas maldiciones!
Contemplación	Está cercado Job de mil pasiones.
Job	¿Por qué luego en naciendo mi desdichada vida no acabada? ¿Por qué fui recibiendo del regazo del ama que me daba, en la miseria mía, su pecho aquel amargo y triste día?
Duda	Señor Job, ¿tanta impaciencia? Si todo el mundo os alaba de sufrido, ¿qué es aquesto? No dicen vuestras palabras

con lo que de vos se cuenta.

Job
Las maldiciones que echaba,
fueron al pecado, Duda;
en aquella noche amarga
fui concebido.

Duda
                              Tenéis
razón, y es bastante causa:
en grande miseria os veis,
siendo Rey, y de la casa
de Esaú, si no me engaño;
que Raquel engendró a Sara,
y él a vos, aunque Idumeo
alguna opinión os llama.
¡Qué de ganados tuvistes!
¡Qué de ovejas, qué de cabras!
¡Qué de hijos y pastores!
¡Qué de casas y labranzas!
Doscientos años vivistes,
y aún cuarenta y ocho os faltan;
ciento cuarenta gozastes
vuestra hacienda restaurada.
A fe que pagaron bien
la paciencia.

Job
                      Es Dios quien paga.

Duda
¿Cómo dijistes un día
a aquella gente non sancta
que disputaba con vos,
que ojalá fuera su alma
la que, en lugar de la vuestra,
padeciera penas tantas?

Job   Quise decir que les diera
                    mayor consuelo que daban
                    a mis desdichas.

Duda   Alabo
                    entre virtudes tan raras
                    sufrir a vuestra mujer,
                    necia, importuna y pesada;
                    porque en viendo, a un hombre pobre,
                    o le dejan, o le matan
                    a puro decirle afrentas;
                    y fuera desto, me espanta
                    la paciencia que tuvistes,
                    no solo en que vuestra casa,
                    y la hacienda que teníais,
                    voraz el fuego abrasara,
                    sino en ver que vuestros hijos
                    alegres comiendo estaban.
                    cuando un viento del desierto
                    las columnas arrebata
                    con soplo horrible y furioso,
                    y de su centro las saca,
                    con que los sepulta juntos
                    entre piedras, tierra y tablas:
                    Jacob, por un hijo solo,
                    cuando tantos le quedaban,
                    no quiso admitir consuelo.
(Vase.)   Y vos... Él se va.

Contemplación   Repara
                    en que, más que su mujer,
                    a Job la paciencia gastas.

Duda

     Olvidéme que esto era,
que Brígida contemplaba
en las lecciones de Job
con los éxtasis del alma.

Brígida

      En fin, que Job maldecía
la noche, por el pecado
original.

Contemplación

       Tu cuidado
en partes te divertía.

Duda

      Sí, pero Brígida intenta
saber cómo el niño ha entrado,
con la parte en el pecado.

Contemplación

     Porque al padre representa,
      en la carne que le dan
Eva y Adán.

Duda

         Está bien;
Dios se lo perdone, amén,
y pague al segundo Adán.

Contemplación

      De la forma del bautismo
es el ejemplo bastante;
al adulto y al infante
le dice el cura lo mismo.
      Yo te lavo es argumento
de mancha que no se vía,
y esto dice cada día
la forma del Sacramento
      con que el cristiano se alista
debajo de la bandera

de Cristo, y aún si naciera
libre el niño en la conquista
  del cielo, no hubiera Dios
muerto por él: luego ¿era
Cautivo?

Brígida   De esa manera,
de la culpa de los dos
  nacieron nuestros pecados,
enfermedades y penas;
la muerte, que en sus cadenas
nos trujo gran tiempo atados;
  la villana rebeldía
de la carne a la razón
y al espíritu, que son
partes de la duda mía.

Duda   Es así; pero, una duda
escuchad.

Contemplación   Veamos cual es.

Duda   ¿No habéis visto que despúes
que el pintor la tabla muda,
  acabada una figura,
pone faciebat al pie,
por dar a entender que fue
imperfecta la pintura?
  Pues a Dios le sucedió
lo mismo pintando a Adán,
si en el bautismo le dan
lo que en el agua faltó.

Brígida   Sí, mas la respuesta dio

Cristo, y la absolución,
de la regeneración
del santo bautismo vio.
    Nicodemus se espantaba
que el hombre otra vez naciese,
o cómo al vientre volviese
de su madre, preguntaba.
    Luego el fecit puso ya
el bautismo a la figura,
que lavada en agua pura,
limpia y acabada está.

Contemplación

    Dios perfecta la acabó;
pero frescas las colores,
la culpa, con sus errores,
desde luego le quedó.
    Esta marca original
le quedaba desde entonces.

Duda

No los hiciera en dos bronces,
y no, en polvo, ¡pesia tal!
    ¿Qué mucho que se borrara
la imagen en polvo hecha?
Más tarde fuera deshecha,
si en oro o plata labrara.
    ¿Queréis ver cuál fue el error
de esa mancha contagiosa?
Que otra vez pidió la esposa
manzanas, muerta de amor.
    Mirad si se pega bien
el gusto de la manzana.

Contemplación

¡Qué alegoría tan vana,
y qué pesada también!

Duda	¿Esta te parece vana?

| Contemplación | No es que manzanas quería. |

| Duda | Pues ¿qué? |

| Contemplación | Remedio pedía
de la primera manzana. |

(Sale el rey David con corona y ropa de levantar.)

David
    Piedad, Señor divino,
según tu gran misericordia, canta
mi lengua; en el camino
de tanto error el ánimo levanta
en remediar mis males,
pues eres la salud de los mortales.
    Lávame más, Dios mío,
y borra mi pecado;
limpia mi mancha en el piadoso río
que nace de aquel mar de tu costado.

Contemplación
David es éste; advierte
con qué arrepentimiento se convierte.

David
    Pequé, Señor divino,
a ti solo pequé, y en tu presencia
hice tal desatino,
porque se justifique tu sentencia;
aunque también confío
que tu palabra cumplirás, Dios mío.
    Pero traeré en disculpa
la mancha original, pues que mi madre

me concibió en la culpa
que trajo al mundo mi primero padre.

Contemplación   ¿No ves que la confiesa?

Brígida   David lo dice con sentencia expresa.
                         Voyme con tierno llanto,
                       Contemplación, desengañada y triste;
                       nunca lo estuve tanto,
                       aunque después sabrás en qué consiste;
                       que adonde el alma tira,
                       por más alto coral pone la mira.
                         Virgen hermosa y pura,
                       corona de las Vírgenes, sospecho
                       que nunca sombra oscura,
                       trayendo vos al Sol en vuestro pecho,
                       cubrió vuestra belleza,
                       honra de la mortal naturaleza.
                         Esto saber deseo;
                       hacedme esta merced, Virgen piadosa;
                       en esto agora empleo
                       de mi contemplación la luz dichosa.

Contemplación   ¿Voy contigo?

Brígida   Bien puedes.

(Vase.)

Duda   Tú ¿qué dices de mí?

Contemplación   Que aquí te quedes.

(Vase.)

Señor David, tiernamente
vuestra canción escuché;
que cierto que me obligáis
a sentir y a padecer.
Aunque ofendistes a Dios,
bien lloráis si le ofendéis;
músico sois extremado,
y versos hacéis también;
ofréceseme una duda;
la Duda soy, ya me veis:
¿cómo siendo vos un hombre
bueno, pues Dios dijo dél
que era conforme a su gusto,
por gozar a Betsabé
hicistes matar a Urías,
dándole el mismo papel
en que firmastes su muerte?
¡Esta buena fue, a la fe!
Pero también el profeta
os hizo en la causa juez
con el cuento, de la oveja,
y vos, con decir pequé,
templáis el arpa, y templastes
a Dios, que también lo fue,
aunque solo en tres clavijas
sus cuerdas mudas se ven:
quedad con Dios, y haced versos
pues que tan bien los hacéis,
que cantando a Dios, encantan,
que áspid de metal que fue,
pues tal la colgó de un palo
en su figura Moisés.
La sierpe del Paraíso

fue al principio una mujer;
Hércules puso en sus armas
las que mató en su niñez;
pero no cantéis pesares;
cantad, David, de placer;
que andamos de desengaño,
aunque de duda nos veis.

(Vase.)

David

    Nació una fuente clara y deleitosa,
que, dividida en varios arroyuelos,
daba a las aguas de los cielos celos,
en cuyo manto su cristal reposa.
    El lirio azul y la encarnada rosa
le daba margen, matizando velos,
y él a sus plantas, en torcidos hielos,
humor por alma de su vida hermosa.
    Pisóla un animal, bebió engañado,
y como quedó turbia su corriente,
ninguno la bebió sin ser manchado.
    ¡Oh, gran desgracia! La primera fuente
enturbiaron las plantas del pecado,
por causa de mujer y de serpiente.

(Vase.)

(Salen el Pecado, la Soberbia y el Rigor.)

Pecado

    Ninguno ha de pasar por este puente
sin que deje firmado que es mi esclavo.

Soberbia

Alabo tu soberbia justamente,
y en tus soldados el cuidado alabo.

Pecado

¡Que me persiga Dios eternamente!
¡Que hiciese una lahel, que con un clavo
me pasase la frente, en que se atreve
sobre mi ardiente Sol fijar su nieve!
¡Que digan que teniendo los despojos
de tanto rey y príncipes mortale,
me quiera dar con una niña enojos
derogando mis términos fatales!
Mas ¿qué mucho, si es niña de sus ojos,
a quien sirven los ojos celestiales,
el Sol de manto de inmortal pureza,
y el alba siendo toca a su firmeza?
   ¡Viven los cielos, si los cielos viven
para mí, pues he sido indigno dellos,
que si todas sus fuerzas aperciben,
tengo de hacer segunda guerra en ellos!
Y pues mi marca original reciben
cuantos nacen. por míos he de vellos,
pues, que de mí también marcados salen;
corra el Jordán, de que después se valen.

Soberbia

   Eso no apruebo en ti, que no quisiera
que de aqueste Jordán te consolaras,
y que en vidas humanas se dijera,
sino que dél y cielo blasfemaras.

Pecado

Ir a mi imperio y cetro consideras,
que es el mayor si en mi poder reparas,
pues todos cuantos nacen me obedecen.

Soberbia

¿Qué honor después de que se van te ofrecen?

Pecado

Dios, ¿no crió también de ángeles bellos

ejércitos inmensos, de los cuales
Él mismo se consuela de tenellos,
aunque no sean en méritos iguales?
Pues si Dios se consuela de perdellos,
téngalos yo para menores males;
que aunque los laven cristalinos ríos,
no me podrán negar que fueron míos.
   Esta niña que sola me atormenta,
es la que agora me condena a llanto,
que dicen que pasó libre y exenta;
pero ¿quién, si no Dios, pudiera tanto?
¡Ah, transgresora de mi ley, sangrienta!
¿Hasta cuándo tu pie divino y santo
quebrará mi cabeza?

Soberbia   ¿Qué blasonas,
si humana vida a tu rigor pregonas?

Pecado   Llama al Género humano, imprime el nombre
deste Pecado original con fuego,
que el agua misma del bautismo asombre.

Soberbia   ¡Hola, ministros de mi centro ciego,
venga el Género humano!

(Dentro:)   Allá va un hombre.

(Salen el Género Humano y el Rigor.)

Soberbia   Aquí al hombre, como pides, tienes.

Pecado   ¡Con qué ignorancia y desvergüenza vienes!

Género   Ya, Pecado original,
¿qué tengo yo que temerte,

si bien tan fiero y mortal,
si me libró de la muerte
aquella agua celestial?
    Esta y el divino amor
me lavó de aquella mancha
que me dio el primer error.

Pecado   ¡Cómo el villano se ensancha!
                ¿Qué te parece, Rigor?

Rigor   Que le aflijas y maltrates,
                y que en él tus fuerzas pruebes
                hasta que a palos le mates;
                que los hierros le renueves,
                y que tu imperio dilates;
                   haya un nuevo Faraón
                que este Israel en prisión
                mil siglos pueda tener,
                ni plagas puedan hacer
                que ablandes tu corazón.

Género   ¿Qué importa, Rigor, si cría
                un Moisés que me defienda
                y al mar del bautismo guía,
                donde la gracia se extienda
                lavando la culpa mía?
                   Pasará mi ser mortal
                por canceles de cristal
                en su arena a tus caballos;
                carros, armas y vasallos
                tendrán sepultura igual.

Pecado   ¿Hay desvergüenza más fiera?
                Herrad de nuevo su cara,

y a palos y a coces muera;
vengan los hierros.

Género   Repara
que más que ese hierro, espera
   un agua con que borrado
quedará tan fácilmente
mi error antiguo pasado,
que la blanca nieve afrente.

Rigor   David le trae engañado.

Pecado   Vengan los hierros.

Rigor   Ya acabo.

(Hiérranle la cara.)

Pecado   A ver qué dicen.

Rigor   Esclavo
del pecado original.

Pecado   Con esta marca imperial
llevo mi potencia a cabo.

Rigor   Pecado, no importa nada;
de poco puede servir
tu letra y tu mano airada;
que bien sé que es escribir
sobre tabla barnizada.
   Vendrá el agua pura y viva,
y aquel soberano fuego
que borrará cuanto escriba;

que todo obedece luego
a la divina saliva.
   Oye el sordo y habla el mudo.

Pecado   Uno por uno herraré
mis esclavos.

Género   Yo no dudo
que los hierres, pero sé
lo que su palabra pudo:
   Que en oyendo el efetá,
se han de abrir lengua y oídos.

Pecado   En fin, ninguno podrá
alabarse, en los nacidos,
que sin mis hierros está.
   Después laven a placer;
que a fe que habrá que hacer:
ensanche Dios el Jordán.

Género   Algunos se escaparán,
Pecado, de tu poder.

Pecado   ¿Quién en el mundo?

Género   Yo sé
uno que por pies se os fue.

Pecado   Ni aun el niño, Job decía,
cuya vida es solo un día,
sin que en mi poder esté.

Género   Mira en aquel monte santo
al profeta Jeremías.

Pecado   De ver su rostro me espanto.

(En medio de un monte, en lo alto, se volverá una tramoya a modo de peña, donde aparezca sentado el profeta Jeremías, con su cabellera blanca y larga y barba larga, con baquero y ropa.)

Género   Ya se pasaron los días
                de los trenos de su llanto:
                    ¡Padre, sed testigo vos,
                pues os santifica Dios
                de vuestra madre en el vientre!

Pecado   Pues decidle que otro encuentre,
                siquiera porque haya dos.

Jeremías   La poderosa mano
                del inmenso Señor de cielo y tierra,
                a quien resiste en vano
                la bárbara torpeza que destierra
                la carne que nos cubre,
                en mí el poder de su valor descubre
                    yo fui santificado
                de mi madre en el vientre generoso,
                y tres leguas criado
                de la santa ciudad, centro dichoso
                del mundo, aunque morada
                de mis temores en la edad pasada.
                    Principio di a mi llanto
                desde muchacho tierno, en profecía
                con sentimiento tanto
                de su cautividad, que el alma mía,
                con doblado martirio,
                miraba opuesto del tirano Asirio.

             Después lloré a Judea,
benjamín desigual a su rüina,
para que el mundo crea
que la ira de Dios fuerte y divina,
aunque más se mitiga,
si no se enmienda, al que avisó castiga.

(Desaparece.)

Género   ¿Estás contento agora
deste testigo ilustre?

Pecado   Ya te dije
que poco se mejora
esa probanza suya, aunque testigo
que apedreó el Egito
y en Dafnes yace muerto en su distrito.

Género   Su santidad famosa
aprueba el ver que su sepulcro santo,
y el jaspe de su losa,
los áspides destierra con espanto
del sacro mausoleo
que enciende el aire con olor sabeo.
         Pero si te parece
que no hace fe un testigo, atento mira
adonde resplandece
la viva luz que aquella casa aspira
del Bautista divino.

Pecado   ¿De dónde agora a tu memoria vino?

Género   ¿No sabes que le dijo
que las gentes, el ángel a su madre,

harían regocijo
en su natividad? Pues hoy su padre
tiene su advertimiento,
de polo a polo el general contento.
  Mira a Isabel, su prima
de la niña que temes, y que el cielo
por sacra Reina estima,
y mira el niño, que pasando el velo
del vientre de su madre,
vio al Hijo eterno del eterno Padre.
  Advierte a Zacarías
cómo viene animando a los pastores,
para que en estos días
coronen de laureles y de flores
de su puerta las jambas,
por donde entraron las del cielo entrambas.
  Que María por ellas,
que fue en Ezequiel puerta divina,
entró pisando estrellas
como del Sol la aurora cristalina.
y el Niño, sacra rosa
en el regazo de su Madre hermosa

Pecado   ¡Quién no tuviera ojos
por no mirar lo que mi pena ha sido!

Rigor   ¿Esto te cansa enojos?

Pecado   ¿No es gran dolor que Juan haya nacido
también santificado?

Género   Oye la fiesta, original Pecado.

(Salen cantando y bailando, y pastores.)

(Cantan:)   Y repiten las aves del verde bosque:
Si la gracia ha venido, Juan es su nombre.

Belardo   Publíquense aquestas fiestas.

Pastor   Ea, pues, Belardo, ponte
encima de aqueste risco,
y las fiestas se pregonen.

(Súbese a un monte.)

Belardo   Selvas y bosques del mundo,
sabed que vino esta noche
un hombre en forma de ángel
y un ángel en forma de hombre:
Un hombre que a Dios ha visto,
y le adoró, y se conocen
antes de nacer los dos,
y antes que nadie los goce.
Un privado de su Rey,
que es ya, para más favores,
antes que Dios hombre nazca,
de su casa gentilhombre.
Un amante que le acecha
por dos canceles de flores,
uno estéril y otro virgen.
y fértiles desde entonces.

(Cantan:)

Género   Corred, corred, pastores,
que ha venido la gracia de los amores.
Y repiten las aves del verde bosque:

Si la gracia ha venido, Juan es su nombre.

Belardo   El profeta que esperaban
los siglos, viene conforme
a la esperanza divina.
dando a los desiertos voces.
El sobrescrito divino
de la carta de Dios hombre,
que por letra conocido,
cruz y forma reconoce.
El que ha de dar luz al Sol,
y ser arcos de colores,
que sobre su frente misma,
dando luz al Sol se opone.

(Cantan:)   Y repiten las aves del verde bosque:
Si la gracia ha venido, Juan es su nombre.

(Salen pastores, y detrás Zacarías, padre de San Juan, vestido a lo judaico, traerá a san Juan en brazos o de la mano, vestido con pieles, y su cruz con su bandera, y la encomienda de san Juan, con alpargates y caballerica.)

Zacarías   Hijo por mi bien nacido,
luz de mis ojos, que entonces
no conocí lengua y voz,
que diste tan altas voces.
Voz de Dios que te cortó
por verdad tan cierta Herodes,
que al preguntar el jüez,
que era verdad no responde.
Hoy cumples dichosos años,
y hoy día te reconocen
los bosques y estas selvas,
recibiéndote con flores.

40

Ea, pastores amigos,
celebrad todos conformes
al varón santificado.

(Vase.)

Género   ¡Di agora que no lo oyes!

Pecado   Desesperado me voy:
¡Que éstos el mundo alboroten
con que fue santificado!

Género   Allá vayas y no tornes.

(Vase.)

Rigor   Herodes te venga dél:
Razón será que os enojen
bailes; Bautista, guardaos
de que la cabeza os corten.

Zacarías   Hijo, ¿dónde vais agora?

San Juan   Al desierto.

Zacarías   ¿A quién no rompe
las entrañas esta voz?
Porque esta voz es conforme
a la que ha de predicar
de penitencia a los hombres.

(Cantan y bailan lo siguiente, y vuélvese a entrar Zacarías y san Juan de la mano, y los pastores y pastoras bailando con mucho regocijo.)

(Cantan:)   Pastorcico nuevo de color de Dios,
                   aunque sois estrella, precéis al Sol

                   Fin de la primera jornada

Jornada segunda

(Salen Santa Brígida y la Contemplación.)

Brígida   No puedo, eterno Señor,
dejar de ser importuna,
que como estoy a la Luna,
me mata su resplandor:
Della pretende mi amor
saber si tanta pureza
tuvo perpetua limpieza
en algún tiempo menguante,
aunque de oíllo se espante
la misma naturaleza.
    Naciendo santificados
Jeremías y el Bautista,
no hallo razón que resista,
gran Señor, a mis cuidados:
Si vuestros rayos dorados
la honraron eternamente,
¿cómo eclipse se consiente?
¿O tiene jurisdicción
la cabeza del dragón
en la luz de aquel Oriente?
    El espejo de inocencia.
la purísima María,
donde fue punto en un día
toda vuestra omnipotencia,
y ella la circunferencia
con su vientre soberano,
¿no tuvo de vuestra mano
lo que otros santos tuvieron.
y sus méritos vencieron
a todo mérito humano?

La que al Autor de la vida
nos trujo, ¿muerta nació?
¿Tan gran lunar afeó
la Luna del Sol vestida?
En la estrella esclarecida,
del Sol limpia tramontana,
¿tocó la mancha villana
de la desdicha de Adán,
si a Jeremías y a Juan
libró tu luz soberana?

(Aparece un Ángel.)

Ángel

Brígida, de tus cuidados
los tiene tu Esposo eterno
advierte en lo que preguntas,
que este es su primer consuelo.
Tuvo mi Reina y Señora
las gracias y privilegios
que tuvieron otros santos.

Brígida

Paraninfo de los cielos,
escucha mis ignorancias.

Ángel

Prosigue tu santo intento,
y no tienes que dudar
de que se le concedieron
las gracias que son debidas
al mayor Santo del cielo.

Brígida

Dime, intérprete divino
del soberano silencio,
de qué manera obró Dios
este divino misterio

de la santificación
de la Virgen, que no entiendo:
si fue como a Jeremías
o al Bautista, que les dieron
la gracia antes de nacer,
o tuvo otro privilegio.

Ángel   Al profeta Jeremías
se le dio el poder inmenso,
como al niño en el bautismo,
sin tener conocimiento.
También al Santo Bautista,
como a varón, conociendo
a Dios, que le visitó
dentro del virgíneo seno.
Que en el aquel salto glorioso
que dio en el claustro materno
a la presencia de Cristo,
fe y amor correspondieron
para recibir la gracia;
y a la Reina de los cielos
acelerándola el uso
de la razón, pudo a tiempo
disponerla y prepararla
a la gracia que la dieron.
Esperó en su Dios, y amóle
con amor y pecho tierno;
mira cómo amará ahora
quien lo comenzó tan presto.

Brígida   ¡Oh, gloria de los mortales!
¡Oh, soberano secreto!
Contemplarte quiero.

Ángel   Escucha
                        lo que le cantan los cielos.
(Dentro canten:)   Si cuando niña has amor,
                        ¿qué harás cuando mayor?

Brígida   Aún me queda que dudar;
                        dime, santo mensajero,
                        ¿el profeta Jeremías
                        y el santo Bautista, fueron
                        concebidos en pecado?

Ángel   Sí, Brígida, sí lo fueron,
                        porque a la naturaleza
                        había la gracia algún tiempo
                        de adelantarse.

Brígida   ¡Ay de mí!
(Cúbrese.)   Ya, Virgen, no tengo ejemplo
                        de qué valerme: ¿qué haré?
                        ¿Cayó la Virgen? No creo
                        que cayó, bien que la mano
                        debieron de darla luego.
                        Con razón Job maldecía
                        de la noche el manto negro.

Contemplación   Espera, no te congojes;
                        que es la Virgen sin ejemplo,
                        y más que una bendición
                        tuvo Dios para sus siervos.

(Vase.)

Brígida   Virgen del mar, estrella, Sol del mundo,
                        gloria del cielo, de los hombres vida,

puerta de Ezequiel esclarecida,
ejemplo sin primero ni segundo.
     Arca del Testamento más profundo,
jamás entre las aguas sumergida
del diluvio mortal; siempre vestida
de inmensa caridad, de amor profundo.
     Todos pecaron en Adán, Señora;
pero si fue también ley y estatuto
que muriese una vez el que ha nacido,
     hoy vive Elías, soberana aurora;
no paguéis vos el general tributo.
ni manche a Dios la culpa su vestido.

(Sale la Alegoría: es una mujer cubierto el rostro con un velo.)

Alegoría   ¡Brígida!

Brígida   ¿Quién es?

Alegoría   Sosiega,
no te turbe la luz mía;
yo soy.

Brígida   ¿Quién?

Alegoría   La Alegoría,
que a darte consuelo llega.

Brígida   Ya, señora, mis oídos
a tu dulce voz inclinas.

Alegoría   Hay en las letras divinas,
Brígida, muchos sentidos.
     La historia es lenguaje llano,

como cada paso al arte;
pero dejando esto aparte,
no se pase el tiempo en vano.
  Oye, Brígida, un secreto
a que alegre te convido.

Brígida

Despertaré mi sentido,
aunque dél no me prometo
  que entienda.

Alegoría

          Pues el mayor
es una fiesta que quiero
hacerte.

Brígida

        La fiesta espero,
y hazme primero un favor.

Alegoría

  ¡Pide!

Brígida

       Que del rostro el velo
te quites.

Alegoría

       Soy conocida
por él; después de entendida
me le quitarás.

Brígida

         Harélo.
¿Convidaré mis criados
y amigos?

Alegoría

      Seguramente;
haz que no falte un oyente;
que son votos extremados;
  llama, en tanto que descubro

el secreto; verle has,
y visto, me quitarás
el velo con que me cubro.

(Vase.)

Brígida   ¡Cuidado, Contemplación,
Duda!

(Salen los tres.)

Duda   ¡Qué priesa nos das!
Entretenernos querrás
con seis horas de oración.

Brígida   Antes, hijos, os convido
a una fiesta milagrosa.

Cuidado   ¿Fiesta aquí?

Brígida   Maravillosa;
pero en diverso sentido,
  sentaos, que hoy habéis de ver,
pues cuidadosos andáis,
lo que todos deseáis,
y lo que espero entender.

Contemplación   Yo, Brígida, por mi parte.
seré tu contemplación.

Duda   Yo tus dudas, porque son
principios de mejorarte.

Cuidado   Yo tu cuidado, que al fin

te dejaré sin fastidio.

Brígida   El entendimiento envidio
del más alto serafín.

(Siéntense y salen los músicos.)

(Cantan:)   Reinando el invicto Asuero
desde Etiopía a la India,
obedecido de ciento
y veinte y siete provincias,
de su imperio, el tercer año
estando en su asiento un día,
a sus príncipes y grandes,
persas y medos, convida.
Llamó a la hermosa Vastí,
su mujer, porque quería
que viesen los convidados
las prendas que más quería.
Inobediente a su esposo
y obediente a sus desdichas,
no le obedece la Reina,
y el Rey del reino la priva.

(Vanse.)

Cuidado   Del rey Asuero iban cantado;
¿qué tiene aquesto que ver
con lo que quieres saber?

Contemplación ¡Mucho, con callar, Cuidado!

Duda   ¿Quién es aquéste que sale?

(Sale el Tiempo a echar la loa.)

Cuidado	Este es el Tiempo.
Duda	¿El Tiempo es éste? ¡Qué hará de pedir aguas y soles!
Cuidado	El Tiempo a todos socorre; con eso va todo ya, que es lástima.
Contemplación	¿De qué modo?
Duda	Perdido a remate todo.
Cuidado	No va, Duda, ya lo está.
Contemplación	Dejalde hablar; que parece que queréis darle vejamen.
Brígida	Mas ¿qué aguardáis, que me llamen?
Duda	Diga; silencio merece.
Cuidado	¿Es esto por pasatiempo?
Brígida	Sí, mas no consideráis que mientras del Tiempo habláis se os está pasando el tiempo.
Tiempo	Fue, Duda, de mucha gente.
Duda	Por mi duda ha comenzado.

Tiempo	Saber si el tiempo pasado fue mejor que no el presente. 　Y si en estas disensiones constituyeron por juez al mismo Tiempo, esta vez nos sacará de cuestiones. 　Allá en mis principios fui dividido en cuatro edades, en que tantas variedades han llovido sobre mí. 　Nombre de la Edad de Oro tuvo mi primera edad; perdone la antigüedad y su sagrado decoro. 　Abre, pues, sagrada Esposa, del alma los ojos bellos, darás alcance con ellos a tu duda cuidadosa. 　Oye atenta: entenderás misterios de gloria llenos, porque Dios no diera menos al alma que quiso más.

(Vase.)

Brígida	¿Hay tan notable favor?
Cuidado	El Tiempo ha llegado a tiempo.
Duda	Yo he notado...
Cuidado	¿Qué?
Duda	Que el Tiempo

se ha hecho grande hablador.
  Haced que no se le abra
la puerta.

Contemplación   Engañóte el nombre;
que en este tiempo no hay hombre
que ose hablar una palabra.

Duda   La fiesta comienza ya;
estad atentos los tres.

Cuidado   Como tú, Duda, lo estés,
nadie palabra dirá.

(Tocan chirimías, y salen el rey Asuero y Amán, bizarros, y gente de acompañamiento.)

Asuero   Quedo advertido, Amán, de lo que agora
quisieres proponerme.

Amán   Ya olvidada
de tu grandeza, ¡oh Rey! que Persia adora,
una canalla vil, gente obstinada,
que no la mira la rosada aurora,
ni la parte del mundo celebrada,
más libre, más feroz y más exenta
en las provincias que por suyas cuenta;
  Nabucodonosor, Rey tan famoso
de la ciudad de Nino, haciendo guerra
a Judea y Samaria victorioso,
gran parte della trasladó a su tierra:
su número infeliz creció dichoso
por todo lo que su distrito encierra;
no son dignos, señor, de las ciudades

que gobiernan entrambas Majestades.
  A muerte, como es justo, los condenas:
asegura, señor, tu Real corona;
viertan la sangre las traidoras venas
del hebreo feroz que te baldona;
sientan de tu rigor las justas penas,
sin que dellos se libre una persona,
y si pierdes tributo por perdellos,
diez mil talentos te daré por ellos.

Asuero

  Amán, este es mi gusto, aquéste toma,
y haz dellos a tu gusto, y los talentos
guárdalos para ti, que estoy seguro
que procuras el bien de mis Estados,
que solicitas su dichoso aumento,
y que empleas tus fuerzas en servirme
industrioso, leal, prudente y firme.
  Haz de esa gente lo que tú quisieres;
vivan o mueran por tu gusto solo.

Amán

Prospere el cielo, gran señor, tu vida,
sin que la muerte y tiempo te lo impida,
y del resto del mundo que te falta,
te dé tan presto posesión tan justa,
cuanto merece tu persona augusta.
  Estimo y reconozco que dirijas
a solo tu servicio mis aumentos,
que el alto y gran lugar en que me pones,
debo estimar, señor, por mil razones.

Asuero

Yo sé lo que mereces, y te estimo
por primero en mi casa, y mi persona
te confiesa deber, cetro y corona.
  Honrarte quiero, Amán, y que mi trono

en solo un grado se aventaje al tuyo.

Amán   De esa grandeza tu valor arguyo.

(Vase el Rey.)

Arsindo   Vengádote has del arrope hebreo.

Amán   No he podido tomar mayor venganza,
                como no se ejecute mi deseo,
                que aflige diferida la esperanza:
                ¡que no se me sujete Mardoqueo,
                ni apenas su persona haga mudanza
                a mi grandeza cuando ve que paso
                ni muda el cuerpo, ni apresura el paso!
                  ¡Que un esclavillo vil no me respete,
                que no me tenga en nada siendo menos!

Arsindo   Despacha de tu letra lo acordado.

Amán   Hoy haré que por todas las provincias
                Se despachen, Arsindo, provisiones
                para que mueran todos en un día:
                trece del mes de Agar quiero que sea;
                no se perdone desde el tierno, infante
                hasta el viejo decrépito, ni tenga
                el acero, piedad de la hermosura,
                aunque tiemble al herir la mano dura.

Arsindo   Así te vengarás de tu enemigo.

Amán   Merece la soberbia tal castigo.

(Vanse los dos.)

Duda

        Esta representación
es otra crueldad de Herodes.

Contemplación

        Bien es que se la acomodes,
que es buena comparación.
    Y pues que hay niños aquí,
que por tragedia la cuentes
de otros tantos inocentes.

Cuidado

        No ha de suceder ansí.

Duda

    Cuando a César le contaron
que mató Herodes impío
sus hijos, siendo judío,
que nunca puerco mataron:
    «En casa de Herodes —dijo—
aunque reina el interés,
harto mejor pienso que es.
ser puerco del Rey, que hijo.»
    Mas, por mi vida, que Asuero
representaba muy bien.

Cuidado

        ¿Y no el Amán?

Duda

                Sí, también,
y con semblante severo.

Contemplación

    Escuchad, que viene Ester
lindamente aderezada,
de la corona adornada,
porque se deja entender
    que es la mujer la corona
    del varón.

Brígida   Bien está en ella,
                que fue virtuosa y bella.

(Salen Ester y Celsa, dama, y un criado.)

Duda   ¡Oh, qué extremada persona!

Contemplación   Gran contento me da a mí
                de que repudiase Asuero
                a la que quiso primero.

Cuidado   ¿Quién fue?

Contemplación   La reina Vastí.

Ester   Tan triste Mardoqueo,
                que todo su valor desautoriza.

Criado   Su honrada frente veo
                cubierta, Reina hermosa, de ceniza,
                y en vez de su vestido,
                un lazo pardo alrededor ceñido.
                   La ropa tan costosa
                que le enviaste ayer de aquel brocado,
                guarnecida y preciosa,
                bordada en perlas de uno Y otro lado,
                despreció libremente:
                la púrpura arrojó, no la consiente.

Ester   Parte luego, y pregunta
                de su dolor la causa.

Criado   Ya he sabido

lo que su pena junta.

Brígida   A tierno sentimiento me ha movido.

Duda   ¡Qué bien pintó el poeta
            mudo el silencio y ocasión secreta!

Criado   Es la causa, señora
            que ayer se publicó un edicto fiero
            contra tu gente: llora
            de ver que todos mueren.

Ester   Y yo muero:
            ¡Qué riguroso edito!
            ¡Parece que con sangre le han escrito!

Criado   Ruégate Mardoqueo
            que hables al Rey y que piedad le pidas.

Ester   Harélo, si los veo
            en peligro tan fiero de las vidas;
            que no es bien que mi gente
            en peligro se vea tan urgente.
                Mas ha ya treinta días
            que no me ha visto el Rey, y estoy dudosa:
            las humildades mías
            merecieron llegar a ser su esposa;
            mas poco amor se llama
            el que puede pasar sin lo que ama.
                Ni sé si ya me quiere,
            ni si el amor me tiene que solía,
            pues que dello se infiere
            pasar, no treinta, no, ni un solo día,
            sin el amado objeto;

si la causa cesó, cese el efeto.

Criado   Bien sabes que te adora.

Ester   Tengo, amigo, a sus leyes justo miedo,
que a su presencia agora
nadie puede llegar, ni llegar puedo;
que es terrible sentencia
querer hablarle sin tener licencia.
    Tiene pena de muerte,
si el Rey no extiende en él su cetro de oro,
quien llega a verle. Mis desdichas lloro,
si me quita la vida
primero, amigo, que las otras pida.
    De mi poco respeto
ofendido, mi esposo, hará matarme;
mas hablarle prometo,
aunque a la muerte vaya a aventurarme.

(Vanse.)

Criado   Yo espero en Dios, señora,
que has de ser de tu pueblo redentora.

Brígida   ¿Qué quiere aquesto decir?

Contemplación   No, más del caso de Ester.

Brígida   Pues ¿qué tengo de entender?

Duda   Mucho, con callar y oír.
    Deja que Ester al Rey vaya,
a quien tan dudosa vi;
porque argumentos aquí

es llevar hierro a Vizcaya.

(Salen Asuero y Amán con el cetro del Rey, siéntese en un trono, y Amán más bajo.)

Amán   Con tu sello Real se apercibieron
las cartas para todas las provincias.

Asuero   Ya te he dicho que todo lo remito
a tu querer; entréguesete el pueblo;
será inviolable ley tu gusto solo.

(Sale Ester muy temerosa, y una criada con la falda.)

Asuero   ¿Quién es la que se aventura
contra mi ley, y entra agora
sin mi licencia?

Amán   Señor,
Ester, tu querida esposa.

Ester   ¡Ay, que el Rey me mira airado!

Criada   No temas, llega, señora.

Brígida   ¡Con qué miedo llega Ester!
Parécele que la hora
es de su muerte llegada.

Contemplación   Si la ley no se deroga,
que es decreto general,
yo temo su muerte.

(Va Ester hacia el trono y hace tres reverencias, y a la postrera se desmaya, y salta el Rey del trono y tiénela en los brazos, y éste se desmaya.)

Asuero   ¡Esposa!

Duda   ¡Que ha caído Ester, Cuidado!

Cuidado   Iba a caer, pero dióla
                        la mano el Rey.

(Sale la Alegoría.)

Alegoría   Si por dicha
                        has entendido la historia,
                        ella responda por mí.

Brígida   Pues perdona, dama hermosa,
                        que quiero quitarte el velo.
(Quítala el velo.)   Venciste mis dudas todas:
                        ya entiendo lo que dudaba.
                        ¡Oh, hermosa Reina! ¡Oh, Señora
                        del cielo! ¡Oh, Virgen, de quien
                        hoy ha sido Ester la sombra!
                        Fuistes a caer, y el Rey,
                        desde su trono de gloria,
                        bajó a teneros, de un salto
                        que salvó la tierra toda.
                        Llena de gracia os dejó,
                        siempre limpia, siempre hermosa;
                        el que os quiso para Madre,
                        os preservó: denle gloria
                        los cielos. ¡Virgen divina,
                        desta ley excepción sola,
                        entre los brazos de Dios

os contemplo, dulce Esposa!
Salid, de amor y alegría,
¡oh, lágrimas venturosas!
y bañad mi rostro, en tanto
que el de Ester menudo aljófar.
¡Oh, Virgen santa! ¡Aquel punto
quede siempre en mi memoria
de tu limpia Concepción!

Contemplación ¡De puro contento llora!

Brígida ¿Cómo pagará tributo
la tierra que entre mil rosas
produjo al gran Sacerdote,
pues en Egipto, Señora,
la tierra sacerdotal
no consiente se le imponga,
ni le paga a Faraón,
pagando las tierras todas?

Asuero   ¡Ay, dulce esposa mía!
¿Por qué medrosas truecas
tus encarnadas rosas
en blancas azucenas?
¿Por qué te me desmayas?
¿Por qué temblando llegas,
si sabes que los brazos
de mi poder te cercan?
De tu desconfianza
formara dulces quejas;
pero es amor humilde;
temer quien ama es fuerza.

Ester Temí tu ley, Rey mío,

y viendo tu grandeza,
caer pensé a tus plantas;
faltáronme las fuerzas.
Las de tu excelsa mano,
que solo tú pudieras,
me tuvieron en alto
por tu Rëal clemencia.
Susténtanme tus brazos,
que tu invencible diestra
a la humildad ensalza,
y humilla a la soberbia.

Asuero   ¡Oh, como eres hermosa,
toda graciosa y bella,
no hay en ti mancha alguna!

Contemplación   ¡Qué dulce la requiebra!

Asuero   Tus ojos de paloma,
tu mansedumbre muestran;
tus cabellos, que el Sol
para rayos quisiera,
parecen a las cabras,
que iguales lanas peinan,
subiendo por las cumbres
y verdes asperezas
del monte Galaad,
pirámides de yerba:
¡Oh, qué venda de grana
tus labios hermosea!
¡Qué púrpura de Tiro
tu dulce aliento cerca!
La torre de David
tu cuello representa,

inexpugnable alcázar
fundado en mi defensa,
de cuyos homenajes,
por las orillas cuelgan
mil dorados escudos,
mil aceredas piezas;
si en los del Macabeo,
que el rubio Sol alegran,
bordan de luz los montes,
los tuyos las estrellas:
dos tiernos cabritillos
tus pechos son, que juegan
entre lirios azules
y cárdenas violetas,
hasta que caiga el día,
y por la tarde fresca,
las inclinadas sombras
sus luces oscurezcan:
Ven, pues, esposa mía;
pondréte en la cabeza
una corona de oro
que al Sol en rayos venza:
la de Amaná y Hermón,
y de Saín, te espera;
y el Líbano sus palmas
humilla a tu grandeza:
ven, reina a coronarte
de las ocultas cuevas
de pardos y leones
que tus Reales puertas
a todas horas guardan;
y hay quien te ronda y vela
con más abiertos ojos:
¡Tan cierta es tu defensa!

Ester   Aquí tienes tu esclava.

Asuero   Solo de tu cabeza
                        un cabello me prende,
                        solo una niña bella
                        de tus ojos, me tira
                        enamoradas flechas.

Ester   Señor, dijo la ley
                        que nadie a tu presencia
                        entre sin gusto tuyo,
                        o que si entrare, muera.

Asuero   Las leyes, dulce esposa,
                        exceptan a las reinas;
                        ésta por ti no ha sido,
                        sino por todos puesta.

(Vanse.)

Contemplación   No sé qué mejores modos,
                        Brígida, pudiera haber
                        para dártelo a entender.

Brígida   No por ti, sino, por todos.
                            ¿Hay ventura semejante?
                        ¿Hay dicha como la mía?

Contemplación   Ya la Duda no porfía.

Duda   No hallo cosa repugnante,
                        puesto que una se me ofrece:
                            si fue como esta caída

la de la Virgen sagrada,
tan a tiempo preservada,
bien pudo ser redimida,
  que el que dijo cautiverio,
dijo esclavo; si no, dime:
¿quién vio, pues, que se redime
donde no hubo cautiverio?

Contemplación   ¿No has leído que intentaba
un filisteo estrenar
la espada en David, y al dar
el golpe con furia brava,
en medio se atravesó
y previno a Abisaí?
Pues David confiesa allí
lo que Labán confesó.
  Redimir es dar salud;
pues di, ¿qué quieres dudar?
¿Caso que no ha de faltar
por ser todo de virtud?

Brígida   De duda entiendo que sales;
admira la prevención;
que tan alta redención
es de personas Reales.
  De suerte que de mil modos
podéis decir, Virgen, vos,
pues así os excepta Dios:
no por mí, sino por todos.

(Vanse la Santa y la Contemplación.)

Duda   ¡Oh, qué divina alegría!
¡Oh, qué suceso tan raro!

Ya no soy Duda, ni quiero;
llámenme ya Desengaño,
nadie me llame la Duda;
que no dudaré, si alcanzo
un leño hacerme Golías,
que tenga manchego el brazo.
Desde agora se lo digo
que el Desengaño me llamo:
¡Vítor la Virgen divina!
¡Vítor mil veces!

(Sale el Pecado.)

Pecado   ¡Villano!
          ¿Qué es aquesto?

Duda   ¿Qué ha de ser
          pues que me ha estado escuchando,
          sino que ayer era Duda,
          y hoy me vuelvo Desengaño?

Pecado   Pues ¿quién ha sido tu Ovidio?

Duda   ¡Pardiez! Señor licenciado,
          la Piedad y la Razón
          en esto me transformaron.

Pecado   Pues, Duda, ¿no eres tú mía?

Duda   ¿Quién sois vos, señor hidalgo?

Pecado   ¿Al Pecado no conoces?

Duda   Habló por boca de ganso:

¡El Pecado! Linda cosa,
¿no le dice con empacho?
¡Qué apellido solariego,
montañés o guipuzcoano!

Pecado   Si dicen que el más antiguo
es el mayor hijodalgo,
¿quién más antiguo que yo?
¿No se sabe que pecaron,
luego al principio del mundo,
Duda, sus dos protoplastos?

Duda   Protoplasto o protonecio,
idos a hablar al establo,
y no os metáis con la Virgen;
que os daré doscientos palos;
que a la llaga que sabéis,
ya Dios le puso un emplasto,
lavóla en vino y aceite,
como buen Samaritano.
Y a vos, sierpe, que la hicistes
con un leño de dos manos
os igualó las costillas
y el cogote a garrotazos.
Escuchad: ¿de qué os reís?
¿No sabéis que un gran soldado,
mofador del pueblo hebreo,
y vuestro gran paniaguado,
saliendo enojado un día
con David lidiando al campo,
con su zurrón pastoril
y su cavado en la mano,
le dijo:
«Niño, ¿soy perro que me amenazas con palo?»

Pues mirad cómo le fue,
que el pastor tuvo buen brazo,
y a dos por tres, en la frente
le clavó un gentil guijarro;
que al pasar un limpio arroyo,
apañó cinco callando:
del arroyo los cogió,
porque para vos, Pecado,
el agua es bravo elemento,
preguntádselo a los carros
del soberbio Faraón,
que al agua aprisa se echaron;
pero volvió el mar sobre ellos
con olas como peñascos.

Pecado   ¡Qué grande hablador te has hecho!

Duda   Aquí os duele. Qué, ¿enojaisos
porque os tiré cinco piedras?
pues otra tengo en la mano.
¿No conocéis a la Virgen,
concebida sin resabio
del pecado original?

Pecado   Mucho te vas despeñando.

Duda   Vos sois el que os despeñáis;
que caísteis de tan alto,
que yo digo que lo oí,
y aun juro que revelaron
a Brígida mi señora...

Pecado   ¿Qué le han dicho?

Duda   ¿Qué? Que cuando
                    nació la divina Virgen
                    os tuvieron bien atado,
                    y no pudistes mordella.

Pecado   Yo haré que por muchos años
                    se sepulte esa verdad,
                    aunque agora peno y rabio.

Duda   Una vez, en un librito
                    leí que un hombre encantado,
                    solo por el pie podía
                    ser herido.

Pecado   ¡Muero, rabio!

Duda   Aplico, y digo: vos siempre
                    estuvistes acechando
                    a todos cuantos nacieron
                    desde aquel principio errados:
                    por el suyo Adán nació
                    de cabeza; que el pecado.
                    fue pecado de cabeza,
                    y por eso le heredaron:
                    pues como siempre nacían
                    pies arriba, boca abajo,
                    íbades a los talones
                    a morder a vuestro salvo.
                    Nació esta Niña de pies,
                    que fue el incendio más claro
                    de su dicha y de la nuestra,
                    y estuvistes esperando
                    si de cabeza nacía,
                    y con el pie os ha quebrado

la vuestra, que ya tenéis
como, granada los cascos.

Pecado   Voyme al infierno.

Duda   Acertáis,
si tenéis allá algún cuarto
que sea de invierno caliente,
y sea fresco de verano.
¡Vítor la Virgen, señores,
concebida sin pecado!

Fin de la segunda jornada

Jornada tercera

(Salen la Piedad y la Fama.)

Piedad   Este ha de ser el pregón.

Fama   Luego oí que me llamabas.

Piedad   Perdona, Fama, si estabas
en mayor ocupación.

Fama   Ninguna lo puede ser
como servirte, Piedad.

Piedad   Conozco tu voluntad.

Fama   Nunca me falta qué hacer.
 Que, en efecto, soy la Fama;
mas para servirte a ti,
nadie puede tanto en mí
ni así me provoca y llama.
 Cuando hay un caso cruel,
de mala gana le llevo
por el mundo, y no me atrevo
para dilatarme en él.
 Pero si es piadoso hecho,
le doy en dulces despojos
lengua y trompas a los ojos,
la voz, el alma y el pecho.

Piedad   No menos favor aguardo
de tu luz, que al Sol aspira.

Fama   Cuéntame lo que es, y mira

que de mí dijo Bernardo,
   que yo más ilustre hacía
la virtud, aunque no soy
profeta santo, que doy
ejemplos en este día.

Piedad
   Agustino, cruel llamó
quien menosprecia su fama;
monstruo otro sabio le llama.

Fama
Altamente me pintó
   Virgilio; pero ¿qué quieres,
pues mi ligereza sabes?

Piedad
Que hoy, excediendo las aves,
el orbe terrestre alteres
   con lo que aquí te diré:
llega al oído.

Fama
                    Ya escucho.

(Sale el Pecado.)

Pecado
Ya mi sufrimiento es mucho;
pero ¿cuándo no lo fue?
   De puro sufrir, no siento;
infierno, sufridme vos;
que ya, de sufrir a Dios,
tengo muerto el sufrimiento;
   porque me quiere quitar
Dios a mí la posesión,
con razón o sin razón,
como la quiere evitar.
   Agora quiere que haya,

con piadosas opiniones,
quien por mis jurisdicciones
con vara tan alta vaya.
    Yo no puedo prescribir;
que con buena fe poseo.

Piedad   Que esto publiques deseo.

Fama   Piedad, bien te puedes ir,
                    que ya tu pía opinión
                correrá el mundo.

Piedad   Ese vuelo
                alegrará tierra y cielo.

(Vase.)

Pecado   Estos mis contrarios son.
                ¿Qué habrá dicho la Piedad
                a la Fama? Soy Pecado,
                pues veo que siempre ha dado
                sospechas, a mi maldad.
                    Pero ¿qué mucho, si es
                vara de almendro florido,
                vara de Aarón, que ha tenido
                mi encantamiento a sus pies,
                    pues no lo quiero sufrir?
(Tocan una trompeta.)   ¿Qué es esto? ¡Trompetas son!
                Sin duda es Real pregón;
                desde aquí le quiero oír.

Fama   Oíd, mortales que habitáis el mundo,
                la voz sonora de la dulce Fama,
                por todo lo que cerca el mar profundo,

y calienta del Sol la viva llama:
Europa, escucha; que en tu nombre fundo
la mejor parte que hoy el tiempo aclama,
la menor de las partes de la tierra,
pero la más antigua en paz y en guerra;
   oye, Italia, en quien reina laureada
la cabeza del mundo, y luego atiende,
en medio de los trópicos fundada,
África, adonde el Sol más vivo enciende;
Cartago, a Roma pertinaz y honrada
por la defensa que tu nombre ofende,
oye mi voz; y admire el nuevo estilo
las siete bocas del egipcio Nilo;
   Asia, mayor que todas, que tuviste
un tiempo a Roma por cabeza hermosa;
tú, que tanta materia a mi voz diste,
óyela agora en opinión piadosa;
América, que un tiempo te añadiste
por la opinión antigua fabulosa,
pues de blasones de Hércules distinto
te dio nuevas columnas Carlos quinto;
   oye el pregón que la Piedad cristiana
me manda publicar por todo el orbe,
desde la más remota parte indiana,
pintados arcos flechadora encorve;
ningún rumor, ni ociosidad humana,
últimos ecos a mi acento estorbe,
ni deje de tener tan advertido
el celo a la Piedad, como el oído.
   A la pía opinión de que María,
del mundo claro honor, cielo admirado,
fue concebida aquel ilustre día
sin mancha vil de original pecado,
fiestas ordena el cielo, y de alegría

le presta sus estrellas el dorado
manto del cielo, haciendo luminarias
a las torres del mundo en partes varias.
    Este pregón se da, porque a noticia
venga de todos la opinión piadosa
que ha dado hasta a los ángeles codicia
de venir a servir su Reina hermosa;
servirla cielo y tierra es de justicia;
a entrambos les honró con olorosa
suavidad, con que trujo a Dios al suelo
y al hombre puro en lo mejor del cielo.

(Vuele arriba.)

Pecado   Escucha, espera, detente;
oye, Fama, enfrena el vuelo;
no rasgues nubes al cielo
con vuelo tan diligente;
que alborotas vanamente
las cuatro partes del mundo,
hecha Faetón sin segundo
que vuela tan diligente,
dando nuevas a la gente
de la pena en que me fundo.

(Sale Alemania: es un hombre vestido de alemán.)

Alemania   A la fama del pregón
que en Alemania se ha dado,
vengo a saber con cuidado
adónde las fiestas son;
    que la limpia Concepción
de aquella Niña divina,
el más duro pecho inclina

a piadosa devoción.
    Aquí me dirá mejor
este gentilhombre el caso.

Pecado   Las desventuras que paso
                dirán el de mi dolor.

Alemania   ¡Ah, caballero!

Pecado   Ya fui
                algún tiempo caballero.

Alemania   ¿Habéis a la Fama oído
                las nuevas del buen suceso
                desta pía devoción,
                en que es la Reina del cielo
                concebida sin pecado
                por universal acuerdo?
                ¿Si está cerca la ciudad?

Pecado   No pienso que está muy lejos;
                echad a la mano izquierda
                hasta la cruz de un repecho;
                pero no vais por allí;
                pues avisaros pretendo
                que está la ciudad de Augusta,
                con las fiestas que se han hecho,
                llena de varias naciones.

Alemania   Vos no me entendéis.

Pecado (Aparte.)   (Ni aun quiero
                entender.)

Alemania   ¿No respondéis?

Pecado   ¿No decís si está sujeto
                este reino de Suecia,
                con otro, germanos reinos,
                a la Casa de Austria? Sí.

Alemania   Él es sordo, yo le dejo;
                ¿cómo os llamáis?

Pecado   El Pecado.

Alemania   Luego ¿se dijo por eso
                que el Pecado fuese sordo?

Pecado   Sordo soy cuando no quiero
                oír lo que me está mal.

Alemania   ¿De dónde sois?

Pecado   Del infierno.

Alemania   Bien sé que sois su vecino;
                pero vuestro nacimiento
                algunos dicen que fue
                en el campo damasceno,
                en un verde Paraíso
                que muchos santos quisieron
                ver con sus ojos mortales.

Pecado   Así es verdad.

Alemania   En fin, esto
                de la Virgen, ¿no queréis

escucharlo?

Pecado   Yo prometo,
Niña divina, de hacer,
mientras os celebra el suelo,
tanto sentimiento y llanto,
que exceda mi sentimiento
a las fiestas de los hombres;
y pues morderos no puedo
ese victorioso pie
que en la frente me habéis puesto,
morderé el suelo, y haré
locuras; pero ¿qué intento,
si soy aquel Leviatán,
y sobre el pasado freno
me añaden este bocado
contra el bocado primero?

(Vase.)

Alemania   Amenazando la tierra
se parte el fiero dragón.

(Sale Francia.)

Francia   ¿Qué católica nación
de cuantas el mundo encierra
  no hará fiestas este día?
¡Ah, caballero!

Alemania   ¿Quién es?
Aunque el hábito francés,
gentileza y gallardía
  dicen quién sois.

Francia   Yo soy Francia.

Alemania   Yo Alemania.

Francia   Bien sabréis,
si a Brígida en vos tenéis,
nuevas de tanta importancia
    como la Fama pregona.

Alemania   Bien lo oí, pero no sé
lo que desde hoy se ve
por toda aquesta Corona.

(Sale España con corona.)

España   En la gloria dichosa
de aqueste alegre y venturoso día,
España belicosa,
por cuanto dilató tu Monarquía,
ofrece humildemente
hasta el laurel de tu temida frente.
    No habrá nación ninguna
que a mis fiestas iguale, Virgen bella,
Más que la blanca Luna
y el Sol del alba, tramontana estrella;
que a nadie importa tanto
la estimación de vuestro nombre santo.

Francia   ¿Quién es aquesta dama
coronada de flores la cabeza,
digna de eterna fama?

España   España soy, que quiere a su grandeza

añadir este día;
esclava soy del nombre de María.

Francia   Aquí dichosa España,
tienes a Francia.

Alemania   Aquí a Alemania tienes,
que siempre te acompaña
a celebrar de tu valor los bienes.

España   Esta opinión piadosa
más rica me ha de hacer y más hermosa.
  Dadme los brazos vuestros,
pues que tal parentesco nos enlaza.

Alemania   Los venturosos nuestros,
estrechamente, España ilustre, abraza.

España   En fin, ¿estáis dispuestas
a celebrar conmigo grandes fiestas?

Francia   Las dos, con tu licencia.
vamos a convocar nuestras naciones

Alemania   Ulma tiene opulencia.

Francia   Corta será, si con París la pones.
Porque tuvo primero
esa opinión, la estimo y la prefiero.

España   Partid, provincias bellas;
partid a celebrar fiesta tan justa.

Alemania   Si estuvieras en ellas,

vieras las que hace la famosa Augusta.

Francia

Y si en París te hallaras,
solo a tu devoción las igualaras.

(Vanse las dos.)

España

Pasad, tiempos venturosos,
pues con vuestros pies ligeros
corréis por la posta en siglos
y por la edad en aumentos.
Pasad, años; pasad, lustros
y olimpíadas corriendo,
hasta llegar a la edad
del gran Filipo tercero,
de aquel santo defensor
de la Iglesia, en quien ha puesto
el cielo opinión tan santa
por tantos ilustres hechos.
Pasó el tiempo volador;
en sus alas llegó el tiempo;
con razón dijo Agustino:
en mi pensamiento vuelo;
ésta es mi tierra, llegué
en las alas del deseo;
éste es el más español,
por su defensa soberbio.
Ya dividido en tres partes,
su forma desde hoy contemplo:
allí la gran Lusitania,
entre Guadiana y Duero;
allí, con sus tres coronas,
Aragón; allí los reinos
de Jaén y de Granada,

con el andaluz imperio,
hasta donde abrió Colón
las puertas del Mundo Nuevo;
ya los montes Marianos
se muestran verdes, corriendo
hasta el mar; ya se levantan
los nevados Pirineos,
donde se acaba Navarra,
y el mar de Vizcaya, opuesto
a Francia, tiene principio.
¡Oh, Castilla!, ¡Oh, gran Toledo!
¡Oh, ilustre Valladolid!
Pero, ¿por qué me detengo,
ínclita ciudad famosa,
favorecida del cielo,
Real Universidad,
madre de tantos ingenios,
que has dado tantos Catones
a los Reales consejos
del soberano Filipo,
y a tantas grandezas dueños?
¡Famosa Universidad,
Salve, luz del Evangelio,
celebrada en todo, el mundo
con razón!

(Sale la Universidad de Salamanca, muy bizarra en el tocado cinco plumas, cada una de su color, que son sus armas.)

Universidad   Contenta llego,
invictísima Señora,
reina de tan grande imperio,
que por tierras de Filipo,
sin mar, sin ajeno puerto,

se puede dar vuelta al mundo
a tus voces y requiebros,
que enamorada de oírlos.
a darte mis brazos vengo.

España   Universidad famosa,
que al platónico Liceo,
y a la Academia más rara
que vio el Romano y el Griego,
haces la misma ventaja
que a las retamas los cedros,
los laureles a los mirtos,
y el hijo del Sol al hielo;
honor y corona mía,
por quien vivo, y por quien tengo
fama en el mundo, y tus hijos
los que sustentan mi cetro:
a darte vengo mil gracias
por el nuevo juramento
que con tal solemnidad.
ioh, gloria de España! has hecho
de defender la opinión
piadosa con santo celo,
de que la Virgen divina,
por especial privilegio,
sin pecado original
fue concebida.

Universidad   Mi intento,
España, fue su servicio,
mostrando el vivo deseo
con que pretendo alabarla,
con que servirla pretendo,
cuanto alcanzare en mis hijos,

la fuerza de sus ingenios.
No verás desas colores,
adorno destos cabellos,
cabeza o pecho adornado.
de Doctor ni de Maestro
de aquesta Universidad,
que no le jure primero
esta defensa divina
a la Emperatriz del cielo.

España   ¡Él te pague, laurel mío,
celo tan santo, y subiendo
a las estrellas tu nombre,
hagan tan fértil tu pecho,
que estén en torno de ti
tus hijos como renuevos
de oliva, y tú victoriosa,
fecunda del fruto, en medio!
¡Plega a Dios que ocupen todos
lo que merecen, pues vemos
que con tan santa Abogada,
no puede faltarles premio!

Universidad   ¿Tanto favor, madre España?

España   Dame esos brazos, creyendo
que más que al resto del mundo
te quiero, estimo y respeto.

(Tocan y abrazanse, y vanse, y salen la Duda y el Cuidado en hábito de galanes, de camino.)

Duda   Ya te digo, Cuidado, que he venido
por todas las provincias de este reino

a publicar que soy el Desengaño,
pues sabes que le tengo de mi duda.

Cuidado   El tiempo volador todo lo muda.

(Salen cuatro estudiantes gorrones; el uno se llama Zoquete.)

Cuidado   ¿Qué gente es ésta?

Duda   Parece
que estudiantes.

Cuidado   Y lo son;
escucha un poco.

Estudiante I   Razón
será oírle.

Estudiante II   Y lo merece.

Zoquete   Quedo, que esto de picar
no lo podré consentir;
que una cosa es argüir,
y otra cosa es el jugar.
(Píquenle.)   ¡Ay, ay!

Estudiante I   ¿Qué hay?

Zoquete   Inhumano
alfiler; eso es puericia,
Deprehensus est in malitia.

Estudiante II   Quedo, que es mi primo hermano.

Zoquete   Si fuera jumento yo,
                     no dudo de que lo fuera.

Estudiante III   Trátenle de otra manera.

(Gargajo.)

Zoquete   Excrementos, eso no;
                       Cierre el os, o si le abre,
                     Vivit Dominus in coelis
                     cum sanctis et cum angelis,
                     que el caput le descalabre.

Estudiante II   Ahora bien, yo quiero hacer
                     estas paces. ¿Qué ha compuesto
                     al cartel que aquí se ha puesto?

Zoquete   Glossam feci.

Estudiante I   Diga, a ver.

Zoquete   Si calla...

Estudiante II   Este promete:
                     todo hombre, como no cite...

Zoquete   Estote quieti et audite.

Estudiante III   Diga, dómine Zoquete.

Zoquete   Muy bien sé que se hacen fiestas
                     a la limpia Concepción,
                     y que al juramento son
                     aquestas glosas compuestas.

Jurad tan santo estatuto,
porque no os ha de pesar;
que buen fruto, os ha de dar
quien a Dios nos dio por fruto.
    Pecó Adán, que en cueros yace
en el Paraíso crudo,
mas requiescat in pace;
que el hombre que anda desnudo
no acierta en cosa que hace.
    Cubrió de bayeta y luto
el mundo, que estaba enjuto
de la humana tempestad;
por tanto, Universidad,
jurad tan santo estatuto.

Estudiante II   ¡Vítor, vítor; está bien!

Zoquete   ¿Prosigo y procedo?

Estudiante I   Sí.

Zoquete   Pues cuidado, porque aquí
hay dificultad también.
    Juró el Señor, él lo dijo,
que aunque a Dios jurar licebit,
de hacer clérigo a su Hijo,
y nuquam te paenitebit,
como David lo predijo:
    así que podéis jurar:
en Dios ejemplo tenéis;
jurad que a la estrella mar
Concepción defenderéis,
porque no os ha de pesar.

Estudiante III   Esa copla es vizcaína.

Zoquete   ¿Por qué?

Estudiante III   Porque falta un la.

Zoquete   ¿No ve que suplido está,
                     como en la lengua latina?

Estudiante I   Certe soloecismum dicis.

Zoquete   En vano de eso se altera,
                     demás que en una litera
                     nunquam mires con amicis.
                        La Virgen fue concebida
                     sin pecado original,
                     y antes santa que nacida;
                     que en el líbranos de mal
                     nunquam fue comprendida.
                        Y pues la supo obligar,
                     y tanto la supo honrar
                     el fruto del ventris tui,
                     claro está que siendo fui,
                     que buen fruto os ha de dar.
                        ¿Qué les parece?

Estudiante   Muy mala.

Zoquete   ¿Cómo mala?

Estudiante II   ¿Qué rocín
                     encajara ese latín?

Zoquete   Ninguno ¡por Dios! le iguala,

quien a Dios nos dio por fruto.
     Esta Virgen puede hacer
doctores y licenciados,
maestros cuantos quieren,
y dar a los desbarbados
barbas con qué pretender.
     Como es de Dios acueducto,
que vino por su conducto,
de los tesoros que encierra
dará plazas como tierra
quien a Dios nos dio por fruto.

Estudiante II
     ¿Cuánto va que os han de echar
de España por esa glosa?

Zoquete
La glosa está misteriosa.

Estudiante III
El precio le quiero dar.
     ¡Al ojo, seor licenciado!

(Gargajean.)

Zoquete
Non videt oculus meus,
que es cristiano; y vivit Deus,
que un oculo me has tapado.
Vanse los estudiantes.

Cuidado
     ¿Qué te parece?

Duda
                         Que están
de regocijo y de fiesta.

Cuidado
Es grande ocasión aquesta,
lugar a las fiestas dan.

> Aquí se descubre España
> debajo de aquel dosel.

Duda

> Digna es del verde laurel
> de cuanto el Sol dora y baña.

(España sentada en un trono; sale un baile de labradores.)

Músicos

> Pues llegó esta Niña,
> cerca viene Dios;
> que en riendo el alba
> luego nace el Sol.

Uno

> Niña hermosa y linda.

Todos

> Luego nace el Sol.

Uno

> Pura y sin mancilla.

Todos

> Luego nace el Sol.

Uno

> Que nació con risa.

Todos

> Luego nace el Sol.

Uno

> Nunca fue cautiva
> del fiero dragón.

Todos

> Pues llega esta Niña,
> cerca viene Dios.

(Vanse.)

España

> Den a la Universidad

una corona de estrellas,
de diamantes, pues en ellas
tuvo lugar su piedad;
hale dado autoridad
este dichoso estatuto,
y aquel glorioso tributo
que defensora la nombra,
de que no pudo a la sombra
pagar el Sol tal tributo.

Duda   Bien celebra Salamanca
este santo juramento.

Cuidado   Anda en aqueste contento
tan piadosa como franca.

Duda   Luna tan hermosa y blanca,
manchada no puede ser,
porque esta fuerte mujer
pisó el cuello del gigante
que quiso un tiempo, arrogante,
quitarle a Dios el poder.

Cuidado   ¡Qué bien colgadas están
las Escuelas y las calles!

Duda   No hay falta que en ellas halles,
al Sol mil envidias dan:
sucesivamente van
las naciones.

Cuidado   Calidades
tienen las antigüedades.

Duda

Más antigua Portugal,
porque fantasía igual
no la hay en estas edades.

Cuidado

Ella, por lo menos, es
nación grave y belicosa.

Duda

Añade presuntuosa
de la cabeza a los pies:
muriéndose un portugués
este testamento hacía:
«Deijo miña fantasía
a meu fillo mor, que seu
a cosa millor que eu
en miña casa tenia.»

Cuidado

Tratando dellos estáis,
y sus músicos asoman.

Duda

Honrar las fiestas se abonan

Cuidado

Naon se pode decir mais.

Duda

Si a un lado no os apartáis
os darán una pancada.

Cuidado

Quede esta vez bien pisada
la cabeza a la culebra.

Duda

Bien haya, amén, quien celebra
la limpieza no manchada.

(Sale un baile de portugueses.)

Músicos

    ¡Ah, Menina celestial!
Sois sin culpa concebida,
y basta, si alguien dubida,
que lo jure Portugal.
    ¡Ay, ay, ay!, ¡qué Deus!, ¡ay, ay!
¡Ah, Menina formosa mai!
O pecado naon podia
manchar a Menina bela,
que si Deus se viste dela
a tela limpia seria:
naon pudo, fazerle mal
puramente concebida,
y basta, si alguien dubida,
que lo jure Portugal.

(Vanse.)

España

    Den laurel a Portugal
de esmeraldas y de oro:
sean las hojas un tesoro
a sus méritos igual;
que mi corona Real,
con su espada lusitana,
en la nación otomana
extendió con tal valor,
que ha quedado superior
a la grandeza romana.

Duda

    ¡Oh, qué bien que está adornada
la delantera de Escuelas!

Cuidado

¿Quién fueron los comisarios?

Duda

¡Quién Virgilio, Homero fuera!

Pero ya la Fama hace
su alabanza en propia lengua:
fray Agustín Antolínez.

Cuidado   Justamente le celebras.

Duda   Catedrático de Prima,
de Teología: ya llega
el noble doctor Pichardo,
que la cátedra gobierna
de Prima, en Cánones; luego
el sabio doctor Vinuesa,
catedrático de Leyes,
y que escribirlas pudiera
su ingenio de nuevo todas,
si en España se perdieran;
fray Juan Márquez, que es un Fénix;
de sus virtudes y letras
tiene ocupada la Fama,
y cuando se hiciera lenguas
de diamantes la gastara
en alabar sus grandezas.

Cuidado   ¿Cómo dejas de decir
en cuyas manos tan bellas,
desta Virgen pura y limpia,
se ha de jurar la defensa?

Duda   En las de su Obispo insigne,
que la misa en estas fiestas,
con digna grandeza suya
de pontifical celebra.
¿Cómo te diré, Cuidado,
las virtudes y excelencias

de su ilustrísima casa?
¿Cómo quieres que yo sea,
con mi rudo entendimiento,
faetón de sus excelencias?
Con el silencio le alabo
mucho más.

Cuidado   Pienso que aciertas.

(Sale la India con un baile de indios.)

India   Con la justa obligación,
España, que te he debido
de haberme dado tu fe,
vengo a ofrecerte mis hijos.

España   Bien te conozco, Castilla;
que disfrazada has venido
por más regocijo y fiesta.

India   Todo ha sido por serviros.

España   Una corona te ofrezco
de leones y castillos,
de perlas, oro y diamantes.

India   Tus pies beso; bailad, indios.

(Cantan:)   Runfalalá, que no toca a la Niña,
runfalalá, la culpa de Adán.

Uno   La Niña divina.

Todos   Runfalalá

Uno   María bendita.

Todos   Fanfalalá.

Uno   De los ojos niña.

Todos   Runfalalá.

Uno   De Dios que la mira.

Todos   Fanfalalá.

Uno   La frente le pisa
el vil Leviatán.

Todos   Runfalalá, etc.

(Vanse.)

Duda   Contenta ha quedado España.

Cuidado   Con razón contenta queda.

Duda   Bien han bailado los indios.

Cuidado   Extremada fue la letra;
    bien parecen los laureles,
la grandeza y majestad.

Duda   Llega la Universidad,
sus insignias y bedeles:
    ¿vio Roma triunfos mayores,
Césares ni capitanes?

98

Cuidado   ¡Qué gallardos, qué galanes
                 que van los conservadores!
                     Mas ya el estandarte pasa.

Duda   Gozoso de verlo estoy.

Cuidado   Don Gonzalo de Monroy
                 le lleva, de cuya casa
                     es tan clara la opinión.

Duda   Bien se empleó el estandarte.

Cuidado   Sí, que es en armas un Marte,
                 y en consejo otro Catón.

(Sale Etiopía con un baile de negros.)

Etiopía   Aquí, generosa España,
                 Etiopía te presenta
                 sus fiestas y regocijos.

España   Aunque disfrazada vengas,
                 te conozco, Andalucía,
                 y porque a buen tiempo llegas,
                 te quiero enseñar un cuadro
                 que he tomado por empresa
                 desta pía devoción,
                 y harásle tú la primera
                 reverencia, pues tuviste
                 non plus ultra de mi lengua.

(Bájese España del trono, toquen chirimías e hínquense de rodillas y descúbrase un cuadro de la limpia Concepción de Nuestra Señora, en un altar muy adornado, y acabado de descubrirse, bailen los negros.)

(Cantan:)   De culebra que pensamo
                      morde a María lo pe,
                      turo riamo, turo riamo,
                      ihe, he, he!,
                      y a bailar venimo
                      de Tambucutú
                      y Santo Tomé,
                      ihe, he, he!
                      Jesucristo no consiente
                      en su templo andar Juría
                      que vende mercadería,
                      que le azota bravamente:
                      ¿cómo sufrirá serpente
                      morder a María el pe?
                      Turo riamo: ihe, he, he!,
                      que a bailar venimo
                      de Tambucutú
                      y Santo Tomé:
                      ihe, he, he!

(Vanse.)

España   Con tal regocijo y fiesta,
                      dándole infinitas gracias
                      a la Virgen, hace fin
                      La limpieza no manchada.

                      Fin de la comedia

Libros a la carta

A la carta es un servicio especializado para
empresas,
librerías,
bibliotecas,
editoriales
y centros de enseñanza;
y permite confeccionar libros que, por su formato y concepción, sirven a los
propósitos más específicos de estas instituciones.

Las empresas nos encargan ediciones personalizadas para marketing editorial
o para regalos institucionales. Y los interesados solicitan, a título personal,
ediciones antiguas, o no disponibles en el mercado; y las acompañan con
notas y comentarios críticos.

Las ediciones tienen como apoyo un libro de estilo con todo tipo de referen-
cias sobre los criterios de tratamiento tipográfico aplicados a nuestros libros
que puede ser consultado en Linkgua-ediciones.com.

Linkgua edita por encargo diferentes versiones de una misma obra con distin-
tos tratamientos ortotipográficos (actualizaciones de carácter divulgativo de
un clásico, o versiones estrictamente fieles a la edición original de referencia).
Este servicio de ediciones a la carta le permitirá, si usted se dedica a la enseñanza, tener una forma de hacer pública su interpretación de un texto y, sobre
una versión digitalizada «base», usted podrá introducir interpretaciones del
texto fuente. Es un tópico que los profesores denuncien en clase los desma-
nes de una edición, o vayan comentando errores de interpretación de un texto
y esta es una solución útil a esa necesidad del mundo académico.

Asimismo publicamos de manera sistemática, en un mismo catálogo, tesis
doctorales y actas de congresos académicos, que son distribuidas a través
de nuestra Web.

El servicio de «libros a la carta» funciona de dos formas.

1. Tenemos un fondo de libros digitalizados que usted puede personalizar en
tiradas de al menos cinco ejemplares. Estas personalizaciones pueden ser de
todo tipo: añadir notas de clase para uso de un grupo de estudiantes, introducir logos corporativos para uso con fines de marketing empresarial, etc. etc.

2. Buscamos libros descatalogados de otras editoriales y los reeditamos en tiradas cortas a petición de un cliente.